Für Brigitte S. deren Freundschaft mich so tief berührt hat.

S.E.B.

Dieses Buch ist allen Kindern gewidmet,
damit sie nie vergessen,
dass immer irgendwo ein Füchslein Hilfe braucht.

minedition

verlegt in der Michael Neugebauer Edition GmbH, Kiel

Gesetzt wurde in der Goudy Old Style
Lithografie: Ermanno Beverari, Italien
Koproduktion mit Michael Neugebauer Publishing Ltd. Hong Kong

ISBN 3-86566-044-4
ISBN 978-3-86566-044-2
Bibliografische Information der Deutschen Bibliothek
Die Deutsche Bibliothek verzeichnet diese Publikation in der Deutschen Nationalbibliografie; detaillierte bibliografische Daten sind im Internet über http://dnb.ddb.de abrufbar.

Mehr Information über unsere Bücher finden Sie unter:
www.minedition.com

Kleines Huhn

Brigitte Sidjanski & Sarah Emmanuelle Burg

Kleines Füchslein

minedition

Den ganzen Tag hatte das kleine Huhn im Schnee gespielt.
Am Abend war es müde und kuschelte sich wohlig in sein warmes Nest.
Da klopfte es zaghaft an die Tür.
„Wer ist da?“, fragte das kleine Huhn.
„Ich! Ich! Ich friere. Ich finde den Weg nicht mehr nach Hause.
Lasst mich rein, bitte!“

„Nein, nein, hier kommt keiner rein!“,
schrien die Hühner durcheinander.
„Aber warum denn nicht? Es ist ja bloß ein kleiner Fuchs“,
sagte das kleine Huhn erstaunt.
„Nur ein Fuchs? Ja, weißt du denn nicht,
dass die Füchse uns Hühner fressen?
Komm hilf uns schnell die Türe zu versperren!“

Bald war es wieder ruhig im Hühnerstall.
Nur das kleine Huhn konnte nicht schlafen.
Dieser frierende kleine Fuchs da draußen
konnte doch nicht wirklich gefährlich sein,
dachte es und ...

... sprang hinaus.

„Komm, Füchslein“,
flüsterte das kleine Huhn. „Ich kenne ein warmes Plätzchen für dich.“

Die Kuh staunte sehr über das seltsame Paar,
das zu ihr kam. Doch freundlich sagte sie:
„Bei mir könnt ihr ruhig schlafen."
Die ganze Nacht hielt sie Wache.
Am Morgen machten sich die beiden
auf die Suche nach Papa und Mama Fuchs.

Am Waldrand trafen sie auf Wildschweine.
„Habt ihr Papa und Mama Fuchs gesehen?“
„Füchse? Nein“,
riefen die Wildschweine entsetzt und fügten leise hinzu:
„Kleines Huhn, nimm dich in Acht vor Füchsen.
Sie werden dich fressen.“
Aber das kleine Huhn wollte das Füchslein
nicht im Stich lassen.

Ein Hirsch kam aus dem Wald.
Er sah die beiden, machte große Augen und rief entsetzt:
„Kleines Huhn, rette dich auf mein Geweih!"
Das tat das kleine Huhn gerne, doch nicht um sich zu retten, sondern um Ausschau zu halten.
Aber es entdeckte weder Papa noch Mama Fuchs, sondern ...

... seinen Freund, den Dachs!
Der baute gerade einen Schneemann.
Da wollten das kleine Huhn
und der kleine Fuchs mitmachen.
Plötzlich rief der Dachs:
„Achtung, kleines Huhn, Füchse!“

„Endlich haben wir dich gefunden!“, freute sich Papa Fuchs. „Und einen leckeren Bissen hast du uns sogar mitgebracht!“
„Nein, nein Papa, das kleine Huhn ist nicht zum Fressen“, protestierte das Füchslein. „Es hat mich gerettet, als ich mich verirrt hatte und fast erfroren wäre. Es brachte mich in den warmen Stall der Kuh.“

Papa und Mama Fuchs waren sprachlos.
„Das Huhn nicht fressen?“, staunten sie. „Das gibt es doch nicht!“
Doch schließlich sagte Mama Fuchs: „Wenn das dein Freund ist, dann ist das etwas ganz anderes“.
„Versprochen!“, fügte Papa Fuchs hinzu.
„Wir werden dich nicht fressen.“

Das kleine Huhn machte sich nun auf den Heimweg.
Der Abschied fiel den zwei Freunden nicht schwer,
denn schon am nächsten Tag wollten sie sich wieder treffen
und zusammen spielen.